EL CIELO SIN CAMINOS

SERGIO FERNÁNDEZ SALVADOR

EL CIELO SIN CAMINOS

(2017-2023)

XXII Premio Emilio Alarcos

VISOR LIBROS

VOLUMEN MCCXXXVII DE LA COLECCIÓN VISOR DE POESÍA

Un jurado compuesto por Josefina Aldecoa, José Luis García Martín, Olvido García Valdés, Aurora Luque y Carlos Marzal, presidido por Luis Alberto de Cuenca, actuando como secretaria Paula Modroño, concedió al presente libro el XXII Premio de Poesía Emilio Alarcos.

Cubierta: Alfonso Guazo

Isaac Peral, 18 - 28015 Madrid
www.visor-libros.com

ISBN: 978-84-9895-587-3
Depósito Legal: M-18466-2024

Impreso en España - Printed in Spain
Gráficas Muriel. C/ Investigación, n.º 9. P. I. Los Olivos - 28906 Getafe (Madrid)

Vaga la tempestad por el cielo sin caminos,
anda suelta la muerte y los niños juegan.

R. Tagore

INTROITO

Sean estas palabras
como las hojas
que el tiempo arrancó al árbol de la vida
y aun muertas van sembrando
futura primavera.

Y aprendan su decir desde el silencio.

I
BOMBILLAS DE COLORES

TRASMUNDO EN EL MAPA

Con qué intenso y secreto
placer viajaba tu imaginación
por el mapa relieve
de tu provincia amada. Se perdía
tu mirada infantil por los azules
ríos, los verdes valles, la marrón
frente arrugada de la Cordillera
Cantábrica...
                              Pero había un lugar
al que volvías siempre,
un punto muy pequeño con un nombre
muy pequeño también que prometía
lo infinito:
                    Trasmundo.

Un día he de ir allí, me repetía
mientras imaginaba un paraíso
de verdes inconsútiles y gentes
que vivían en paz. Me contarán
historias olvidadas, desharé
el hilo de mis días
y dormiré mirando las estrellas.

Así, digo, crecía, imaginando,
soñando aquel lugar. Hasta escribí
su nombre en un poema
ignorando de él todo, y así sigo:
no sé qué carretera lleva a allí,
si se alzaron sus días
con pizarra, con piedra o con abobe
o si se hizo ya humo de esos sueños,

sueños, verdes, historias que quizá
tantos años después
aún me esperen.
                    Pero mejor no.
Mejor será dejar a Trasmundo en el mapa,
posible y verdadero en ese limbo
donde juegan los sueños, como un copo
de nieve que cayera eternamente.

AÑO EN BLANCO

No es que no me mirara la belleza,
no es que yo no la viera. Simplemente
se negaba a bajar hasta los márgenes
de mi oscuro cuaderno. Prefería
sin duda los del cielo, no metáfora,
no imagen, no trasunto de la vida,
sino la vida misma,
donde nadie podría
poner cauce a la nube, senda al pájaro,
y hasta el blanco renglón de los aviones
en un suspiro se lo lleva el aire.
No menos caprichosa que el amor,
es siempre la belleza quien elige.
Y elige a los sencillos, a los niños
de corazón como ella
que no le tienden lazos
y se dejan soñar como la rosa.

NOCHE DE HOGUERAS

I

LAURA Y ANDREA RÍEN

Es la noche más corta. Han encendido
bombillas de colores
que hacen del parque era,
y trae la brisa su agua y una música
suave que deja hablar. En una manta
cenamos. ¿Habré visto en vuestras caras
antes una alegría tan serena?

No sé qué brisa adentro me susurra
que un detalle cualquiera de esta noche
—las luces de colores, la música o el beso
de vuestros padres aún fuertes y jóvenes—
podría ser vuestro primer recuerdo.

Y el brillo y el temblor de vuestros ojos,
que convierte en certeza esa intuición,
me hacen mirar a la primera estrella
por compartir y acaso agradecer
que de lo que no entiendo algo comprendo.

II

CONTICINIO

Para mí solamente era la música
que la fuente acordaba con la plaza
en la hora más oscura y silenciosa.

Cantaba el agua, y por mejor saberla
puse en ella mis labios, que silencios
en su bordón trababan,
                                        linfa niña
que en la taza, a otro juego,
reflejaba las luces
animando las hojas de los álamos
en baile de espejuelos.
                                        Una brisa
supo en ellos pulsar el contrapunto
que doblaba tan llana melodía.

Polifónica y todo, era la noche,
nota más, nota menos, la de todas las noches.
Pero quién pensaría de un milagro
que fuera tan corriente como el agua.
Un día y otro, si lo merecieras,
te buscaría solo con buscarlo.

¿Qué luz, qué agua, qué brisa
mueven tu vida así, sin ti, contigo?

III

DE LA LUZ DE VERDAD

La noche tiene sueño. Ya se entrega.
Porque van a más luz quedan sin luz
los árboles, los bancos, los paseos,
los columpios sin niños,
Neptuno allá en su fuente. Más desnudos.
Si quisieran tus ojos parpadear
en ese instante exacto en que se apagan
las farolas del parque, no sabrías
cómo todo cambió sin cambiar nada.
¿En qué segundo puede alguien decir:
justo ahora es de noche, ya es de día?
La muerte, ya lo viste,
es igual de sencilla y silenciosa:
una respiración que se detiene.
Ilusorias fronteras —oscuridad y luz,
vigilia y sueño, noche y día—, yo os pregunto:
¿Puede decir un cuerpo qué es la vida?
Qué sabe una farola de la luz de verdad.

LO QUE IMPORTA

Todas las veces que cansinamente
en mis cosas rigió la ley de Murphy
—ser imán de cagadas de paloma, ponerme
siempre en la cola más lenta, lavar el coche
y que esa misma tarde lo embarre un chaparrón—,
todos esos pellizcos de la mano
que ordena mi destino
eran —ahora lo sé— una fortuna,
acaso más, un don. Afán ocioso
sería atribuirlo
a un ángel tutelar, a un dios, al cosmos
o a una madre en su cielo. Lo que importa
es asumir a tiempo el íntimo mandato
de convertir la queja en gratitud.
Gracias pues, mano sabia,
por la eterna tostada boca abajo:
todas estas pequeñas malas suertes
que —al fin lo entiendo— eran la calderilla
que había de pagar por esta suerte,
esta gran suerte en todo lo importante.

PODER DE LA POESÍA

I

LA POESÍA

El recuerdo es la brasa de ese fuego
que un día fue tu vida, cualquier vida.
Se adormece, despierta, se adormece
de nuevo y cuando ya parece que se apaga
vuelve a avivarla el aire más liviano.
Una vez más respira, comunica
su calor. Pero el tiempo
la acaba consumiendo
del todo y para siempre.

La poesía no es fuego, ni su brasa
siquiera, es el recuerdo de un recuerdo.
Y sin embargo busca lo imposible:
como el fénix alzarse cada vez
de la muerta ceniza, dejar rastro
en los dedos del tiempo y de las almas.
Es menos, pero es más:
es solo una centella,
pero nunca se apaga.

II

EL POETA

Con palabras, imágenes e ideas
sabe arrancarle al árbol el milagro
de que la hoja se convierta en pájaro.

Él mismo puede ser pájaro u hoja,
vuelo fugaz o larga espera muda.
Pero tiene esa llave de sentido
que puede abrir la puerta
donde yace un misterio que le excede.

Se acerca a él, le dice su palabra
y no se sabe cómo, ese misterio
abre a su voz los ojos y le mira,
y toda esa belleza se le ofrece
a él y solo a él, ya vuelo en vuelo,
que roba ese momento para todos.

Justo entonces despierta. Solo sabe
que será hoja de nuevo y volverá
a su árbol, ungido y extrañado,
como un Prometeo arrepentido
que devuelve la lumbre hecha Palabra.

NI POR ESAS

Pico Gabanceda

Qué mezquino sería
si en este lugar mágico
no fuera yo capaz
de escribir algo,

no ya un poema-poema,
que no pico tan alto:
una cuarteta, un haiku,
un verso… un algo,

que diría mi abuela
Laudelina. Al contado
dan los suyos el cuco,
el arrendajo

y un pajaril etcétera,
y también, susurrados,
el haya, el fresno, el tilo
y el mostajo,

por no hablar de los mil
boquirrotos regatos

del decidor deshielo.
No hay piano

ni aun wagneriana orquesta
que iguale el arrobado
rubato de tan libre
conciliábulo.

Atardece. Los montes
parecen más lejanos.
Queda todo en suspen…,
como esperando.

Llega a su fin la pura
introducción del campo.
Va tocando al solista
decir algo.

Carraspea, respira,
sonríe muy ufano
y cuando va a cantar
sale este gallo.

II
LEY NATURAL

AGUACERO

Fue de libro:
el calor tempranero,
los castillos alzándose en el cielo
y la tarde modorra que sentenció: tormenta.

Buscaba cada pájaro
su enramada, el hueco de la teja.
Solo una golondrina aguantaba en el cable
sacudiendo las plumas cada poco,
ese su abrigo. ¿Acaso era tan dura
que hacía nido de la tarde en vilo,
tan sagaz que sabía que la truena
duraría tan solo lo que un llanto sin causa,
porque hacía ya mucho?

Solo cuando escampó voló a su taza
donde la recibió ruidosa prole.
Imposible sería discernir
si era alegría o amonestación
la chillería aquella,
ni si hubo enseñanza o simple ensueño
en el breve recreo de la buena andorina.

¿Qué olvidada canción vertía en ella
la lluvia, que la anclaba
al nido primordial, qué melodía
cada vez más lejana y misteriosa?

ARCA CERRADA

Oí cantar al ruiseñor.
Quise verle y me acerqué.
No hay milagro sin rubor.
Ni lo vi ni lo escuché.

ENS AMANS

Traicionado el amor, ya todo es nada.
MARIO MÍGUEZ

El ser que ama, *ens amans*, ese eres,
el que quiere querer y no hacer daño
a quien le miró bien,
a pesar del deseo
que no sabe de culpas
y una vida que mata a fuego lento.
Un día otra mirada
amenaza tu mundo y te abandonas
a la duda, pues todo cuanto es
podría ser también de otra manera.
¿Qué es amor, la persona o el anhelo
universal de darnos a los otros?
¿Serle fiel a un amor no es traicionar
a Amor, al sentimiento del amor?
Una sola certeza dejó el tiempo en tus manos:
es peor engañar —quien lo probó lo sabe—
que haber sido engañado. Si es cristal nuestro suelo
cómo no naufragar entre estas dos verdades:
traicionado el amor ya todo es nada
y te cambia la vida una mirada.

ENTRE TÚ Y YO

No los dramones de telenovela,
los órdagos a pares ni un siniestro
hablar a cuchilladas. Es lo nuestro
un ay, un cómo, un qué, una cautela,
un callar a destiempo, un ajedrez
de palabras. No vienen nuestros males
del estrés o los cuernos virtuales,
la calvez, la ronquez, la flacidez…
El mayor enemigo es la porfía,
ver mi viga en tu paja, la podrida
rebusca en viña ajena. Yo querría
querer como te quiero pero, vida,
sucede que sucede a un día otro día.
Tú no tienes la culpa, y se me olvida.

SECRETOS DE ALCOBA

Porque es siempre distinto y siempre igual
te busco cada noche.
Preferimos sin luz. En cuanto apago
me desnudas despacio —tú ya estás—.
Empiezas por besarme las orejas,
bajas, te paras, aceleras, subes
y se eleva mi cuerpo en resonancia
hacia ignotas regiones de placer.
No sé quién entra en quién,
pero sí que eres tú quien marca el ritmo.
Yo me dejo llevar, no digo nada,
solo respiro cada vez más hondo.
Tú sí, vaya si dices,
unas veces ruidosa hasta el escándalo,
otras —yo lo prefiero— con cadencia de mar.
Se funden nuestras almas de tal modo
que ya solo existimos tú y yo,
y yo apenas, pues voy desexistiéndome,
desergiándome y desfernandezándome
hasta que me disuelvo en puro sueño,
en éxtasis que alcanza las estrellas.
Nunca me cansas, siempre me sorprendes,
mi bien. Y lo mejor de todo es
que no te importe compartir la cama

con otra, a la que quiero de otro modo,
y que esperes paciente
—amiga, compañera, amada música—
a que nos deseemos feliz sueño
y me ponga los cascos y dé al *play*.

NULLA VITA SINE MUSICA

Acodado, cumplida la jornada,
en el balcón del día
miro caer la lluvia una vez más
en mi patio interior
(siempre vuelve a llover en cualquier vida).
Pero no pasa nada o pasa menos
si estás, música, ahí,
limando con paciencia las aristas del día,
abriéndome los poros del sentir,
acallando esa jaula de grillos, la memoria.
Mejor que nadie me conoces. Sabes
cómo herir y con qué para curarme.
Eres la compañera perfecta de la vida,
esa brisa que impide que las nubes
resuelvan en tormenta. Llévate
todo cuanto alimenta la fábrica del cielo,
mi cansancio de mí, mi yo sin yo,
lo que me sobra, que es la mayoría.
Y cuando ya me vaya ven conmigo.

(OTRA) DEFINICIÓN DE POESÍA

Es mirar hacia dentro desde dentro,
respirar en silencio por la herida,
vivir doble y mejor la misma vida
y ser de la diana el mismo centro.
Es cultivar un grave pasatiempo
—el único egoísmo para todos—,
hablar quien menos habla por los codos
y luchar por el tiempo contra el tiempo.
Ya ves que es una cosa y la contraria,
cabal espejo de nuestras edades,
la menos sola de las soledades
y del pagano la íntima plegaria.
No todo, nos recuerda, da en la fosa.
Es más fiel que la vida, y más hermosa.

ESPEJOS

I

Los parques, los ejidos,
los pájaros de guardia o los ocasos
de tu ciudad son esos espejuelos
con que el agua te dice y no te dice,
como la luna de un escaparate
que devuelve la imagen desvaída
de un yo en servicios mínimos.

Solo un espejo es fiel y se te da
de cuerpo entero, e igual te ves en él:
un yo más yo que yo.
                                        Puede llamarse
Pantivalles, La Jarda o simplemente
montaña. Lo supiste siendo niño
entre un aire tan limpio que lavaba.

II

Pantivalles, La Jarda, Dobresengros,
Cuetos del Trave, Hielo Pamparroso,
Ostón, Fuente Escondida, Camburero,
Pando Culiembro, Ojos de Recidroño.
Hierbas Altas, Canal Tras la Envernosa,
Horcada de Pambuches, Cuesta Duja,
Tornos de Liordes, Llos, La Forcadona,
Riega del Tejo, Arzón, Cerras de Cuba.
Un camino que ataja rodeando
es el mío en el vuestro si en la recta
ley natural de no hacer nada en vano
nos encuentra esta sed de la belleza:
algo vivo rondando un algo muerto,
un recuerdo que ya no sé si es sueño.

III
MEDIO JUEGO

MEDIO JUEGO

Te sorprendes aún
a mitad del poema preguntándote:
¿Y qué quiero decir, cómo termino?
Tú no dices, te dicen las palabras.
¿Qué ajedrecista sabe durante el medio juego
tras cuántos movimientos dará mate
—si es que no se lo dan o se retira—,
en qué casilla, cómo, con qué pieza?

Va estando la partida en esa fase
en que no se perdonan los errores.
La mano duda, y en la duda pierde
lo ganado en la enérgica apertura,
la luminosa senda de aquel verso del aire.
No busques otro triunfo que vencer a ese miedo
y a ese duro rival que eres tú mismo
a mitad del poema de la vida.

EPIGRAMA

Cristiano Ronaldo declaró sentirse triste al finalizar el choque del Real Madrid ante el Granada, en el que no celebró sus dos goles. Preguntado por las causas de su tristeza, se limitó a responder: «El club lo sabe».

En prensa, 3-9-12

CR7 está triste… ¿qué tendrá CR7?
Los suspiros se escapan de su boca. El ariete
ha perdido la risa, ha perdido el donaire.
CR7 está mustio sin su Balón de Oro,
sin su UEFA Best Player, sin su Bota de Oro,
y su murria en el césped se tiene por desaire.

La grada canta el triunfo de los cisnes blaugrana
y el ocaso sin alba de la era cristiana,
y vestido de blanco sombra de ayer semeja.
CR7 no marca, CR7 no asiste,
CR7 deambula por el campo. ¡Está triste!
Mal la afición despeja la ecuación de su queja.

¿Piensa acaso en el príncipe de Rosario, Lionel,
que a Maradona avanza y gambetea a Gardel?
Espumas, si le mientan a ese gaucho innombrable
regurgita su boca, y hasta un pálido Iniesta,

más feo de aquí a Lima, osa aguarle la fiesta
a él, tan guapo, tan *metro*, tan chic, tan adorable.

Qué lejanos los tiempos en que se señalaba
el cañón de su muslo si el marco franqueaba.
No le falta salud, no le falta el alpiste.
¿Mal de amores le apura? ¿Un celoso arrebato?
¿La subida del IVA? ¿Busca nuevo contrato?
¡CR7 está mustio, CR7 está triste!

De su ídolo el mohín desabrido y blandengue
no se ha tomado bien la parroquia merengue,
ni *El Buitre*, ni su Amo, de fachada flemática.
Ya solo el sacaojos le avala, y los palmeros
de los Punto Pelota, As, Marca y Futboleros,
arribistas ronceros de caverna mediática.

No escuches, CR7, ni te falta un hervor
ni siete. Tú te debes de la grada al fervor
y sabes bien que nunca se comprendió al artista,
que no eres sino víctima de envidias de infelices
que no te pueden ver, como tú mismo dices,
porque eres «guapo, rico y un gran futbolista».

IV
DE LO OSCURO

LOS MEJORES AÑOS

¿Quién le cerró a la vida las ventanas?

MANUEL ALCÁNTARA

Igual que en esa escena de *Regreso al futuro*
se está borrando tu fotografía.
Porque lo que regresa es un pasado
en el que no te encuentras. Te lo velan
como unas cataratas no en los ojos,
peor, en la mirada.

Ya no haces fotos a los campos verdes,
ya no sales de noche a ver la noche,
ya no vas a los lirios como un novio.

No has hecho de tu vida
sino lo que quisiste hacer de ella.
Tu corazón sembraste en estos libros
mientras otro sembraban en tus manos,
tienes ya sangre tuya puesta de pie en el mundo.

Son los mejores años. Pero dónde
el silencio que hablaba,
la mirada perdida que encontraba.
Son los mejores años,
pero sus días dónde.

EL PASADO

Lo estás viendo: el pasado
ya no es lo que era.
Pero tampoco tú. Tú lo has cambiado,
ahora lo estás haciendo, cada vez
que remueves su poso con palabras.
Que no te engañe su inmovilidad.
No deja de latir, como las placas
tectónicas, los ríos subterráneos
o tu corazón mismo.

Nada hay de extraño en ello, ni en que huyan
de un barco que se hunde los recuerdos.
El pasado te es fiel: cambia contigo.
Si aprendes a ponerlo de tu lado
será como el amigo que comprende
y da al olvido tu parte peor.
Y si te ladra un día no le temas,
pues huele el miedo y puede crear monstruos.
Confía en él. Sabe lo que se hace.

4 HAIKUS Y 1 KAIHU

OTOÑO

Hoja que arañas
el suelo, ¿dónde tu árbol?
Cómo te entiendo.

INVIERNO

Mañana blanca.
Se deshizo en escarcha
la luna llena.

PRIMAVERA

Respira el cielo
más cielo y más azul
entre las hojas.

VERANO

Siglos y Sueño.
La más lenta nevada.
Cielo estrellado.

* * *

KAIHU

Bajo el flexo gigante
de una farola,
lenta, la lluvia escribe.

COLLIURE 1939

Estos días azules y este sol de la infancia
supieron, no sé cómo, de un patio de Sevilla,
aspiraron la albahaca, la fragancia
del limonero, dulce y amarilla.
Habrá olvidado el agua de la fuente mi nombre.
Yo también. Una jaula vacía es ya mi vida.
Ya no mido mi tiempo: no soy hombre,
sombra sin cuerpo soy, viña perdida.
Pero cantan los pájaros y brilla la moneda
del mar, el desde dónde, el desde cuándo.
Cierro los ojos. Oigo temblar una alameda,
de su mano en mi mano susurrando.
A lo lejos diviso una vereda.
Otro camino blanco voy soñando.

A UN VERSO ENCONTRADO EN UN BOLSILLO

Juro que no recuerdo
qué soplo te movió
a volar mi cometa. Que aparezcas
un invierno después en este abrigo
bien dice que lo único
que voló fue el momento.
                                        Como duendes
salís de vez en cuando aquí y allá,
no sé si por ponerme en hora o deshorarme,
y me sacudo entonces ese sueño
en que hiberna la vida.
                                    Pero pronto
su prosa fatigosa me deshora de nuevo
—o bien me pone en hora— y os arroja
al oscuro bolsillo de otro invierno.

Habrás pasado frío,
con tanto que decir, en el armario.
Yo aún quisiera escucharte,
que crecieras si aún puedes, pese a ser
como el fruto enterrado por un niño,
pronto de él olvidado,
                                    igual que luego
se olvidó de sí el niño sin que un ápice

de su verdad en ello se perdiera:
en el sueño del hombre y en su sangre
puja lo sepa o no, como tú en este
poema que te dice y te desdice:

«Secretos muertos son algunos versos».

EL DESEO DE LUZ PRODUCE LUZ

Como prende el acebo en la llaga de un monte
nacen también a veces de lo oscuro los versos.
Si aprenden a ser fruto, poco importa
que sea su semilla de desamor o ausencia.
Pero deben creer. Por más que las raíces
se hundan en lo oscuro, no se crece hacia abajo.
Maduran solamente las palabras
que aspiran a la altura y a la luz,
y nada sabe el árbol
de su arcano sustrato de silencio.
Así ha de ser. Igual quede en tu verso
oculta la raíz, visible el fruto.

CONFINAMIENTO

Fuera respira el cielo,
los pájaros anidan donde nunca
se hubieran atrevido,
bostezan los columpios
y los pavos reales se pasean
por las calles vacías.

Dentro, este laberinto de una casa
llena de tiempo que se sabe espejo.
Andrea y Laura juegan sin saber.
Todo va a salir bien. Eso escribimos.
Esta vida no es vida.
Solo queda soñar.

Estarán ya los lirios
jugando a mar, a cielo, a sol llorado.

LA PESADILLA

Hay una pesadilla recurrente.
No sabría explicarla, ni ilustrar
ni uno de sus exactos fotogramas.
Mejor así. No quiero darle vida
a este lado del sueño. Sé que siempre
ha de volver, pues tiene ya marcadas
en mi cerebro sus roderas sucias.
Se sabe cada vez más poderosa.
Su metástasis negra acabará
por hacer de la noche pesadilla.

Qué preciso trasunto de una muerte
que va doblando el tallo que nos yergue,
vistiendo nuestros trajes, acechando
nuestra sombra, posándose
en el pan que comemos.
Pero el irrevocable
segundo que nos venza, ¿qué podrá
contra tantas victorias de la vida?
Igual que a día da la peor noche,
da invierno a primavera, que no a nada.

TODO EN ORDEN
(Epitafio)

No lloréis. Aquí sigo.
Quien no vivió no puede haberse muerto.

V
EL CIELO VERDE

LA CASA NUEVA

A Andrea y Laura, jilguereras

Esta casa es el árbol que crece con vosotras.

Si tuvo primavera
no sabría decirlo. No recuerda.
Eran agua estancada sus anillos
y les llegó riada de deshielo.

Sois su savia caliente, y a la vez
los pájaros que bullen en sus ramas
y bajan, suben, traman, se persiguen
en su parla incipiente y sin descanso.

Me parece que crece cada día,
que respira y se esponja y da su aroma
solo de las cosquillas que le hace
como lluvia menuda
tal pareja de ardillas.

No le caben más hojas.

Esta casa es el árbol de la vida.

DOS FOTOGRAFÍAS

Treinta años las separan. Son dos niñas,
madre una de la otra. Miran serias
desde distintos marcos a distintos fotógrafos.

La niña-madre guarda en la mirada
dos lagos de misterio.
No es una expresión triste,
mas transmite tristeza —siempre deja
un poso de tristeza lo que es bello—.

La niña-niña mira
más con el corazón que con los ojos.
En su ilusión alienta no sé qué desamparo
que acaso más bien sea de quien sabe
qué mundo les espera
a las almas de Dios.
                                        Pero hay en ellas
otro misterio que se nos escapa,
una pureza hecha
de la ausencia de todo lo que sobra.
Eso saben de más: lo que no saben.

Conocen un secreto que olvidamos.
Saben más de nosotros que nosotros.
Nos están esperando, pero dónde.

BÚSCAME EN ESTE ESPEJO DE PALABRAS

Dices que no te gusta leerme, pues te abruma
la distancia insalvable que percibes
entre el autor atento de estos versos
y el que los pone —es un decir— en práctica.

Uno es un alma en vena
que da a todo un sentido luminoso
con palabras que son más que palabras.
El otro, un funcionario de la vida,
irónico, callado y más serio que un corcho.
Pero resulta que ambos son el mismo,
aunque nunca a la vez.
A mí también me abruma y me entristece
este ser solo a medias. Si supieras
cuánto me ata a la vida
esa excepción de mí de la que huyes…
El farsante no es él, no desconfíes
de su altar de palabras. Al contrario,
empújame hacia él, búscale en mí.

Solamente él podría
ayudarme a llegar a ser quien soy.

CUANDO YA…

…Se me caigan los años
como al árbol sin pájaros las hojas
que ya no necesita,
                    cuando ya
la primavera vuelva para otros
                                        y sea
la pasión que nos quede
el beso sin calor del sol de invierno

y mis manos se muevan como arañas
—y tú odias las arañas—

y ya mis dientes sean
las teclas de un piano del *far west*

y no recuerde ni uno de estos versos
—ni quizá tan siquiera que hubo versos—

y estando ya no esté,

(o tal vez sea a ti
a quien alcance antes
la ignominia del tiempo),

si me he ganado un último favor
de la vida, le pido una mirada
que sepa decir «gracias»,

y mi mano en tu mano,
y tu mano en mi mano hasta el final,
una de las dos fría para siempre.

FELICITACIÓN

Estar a punto de llegar
pero no llegar nunca.
Eso es la plenitud, eso es la vida.
AQUILINO DUQUE

«Que se cumplan tus sueños», te desean,
y lo agradeces. Pero no reparan
en que si se cumplieran esos sueños
ya no serían sueños, y sin sueños…

Los sueños no se «cumplen», se alimentan
como se aviva un fuego, protegiéndolo
del tiempo roedor, pero también
del aire que lo suma codicioso.
Prematura ceniza no caldea
como lumbre en sus brasas respirando.

A mis sueños les pido que se den
de a poco y no del todo:
hoy un hombro, mañana una rodilla
y pasado quién sabe. Solo así
me tendrán para siempre enamorado.

LA HIGUERA
(A partir de Eugénio de Andrade)

Este poema nace en el verano.
Las ramas de la higuera, raseantes,
a su sombra invitaban a tenderse,
y allí me refugiaba como en río.
Madre advertía: es mala
la sombra de la higuera. Eso decía.
Pero no la creía. Bien sabía
del fulgor en los dientes tempraneros
de sus frutos abiertos y maduros.
Allí aceché esas cosas
al sueño reservadas. Una flauta
resonaba lejana en una égloga
intuida. La poesía me calaba
en el cuerpo despierto hasta los huesos,
me reclamaba con tal evidencia
que yo sufría por no poder darle
figura, piernas, brazos, ojos, boca.
Pero en el cielo verde de ese agosto
apenas me rozaba y ya se iba.

CREPUSCOLARI

Volverías cien veces —volverás—
a *La caja de música*, a *Reliquias*
o a los *Poemas de provincia*, libros
paridos por los parias del parnaso,
por el timbre metálico opacados
de los pavos reales:
ni rey ni roque Reina,
me pesa por espeso Villaespesa
y cuesta arriba rueda el verso en Rueda.
Me aburren tanto barco y tanto tren
si son velocidad y no su espera,
tanta ninfa y bacante —tanto monta—
de alejandrinos vates
que hablando a todos no hablan a ninguno.
Otros supieron encontrar la fuente
en el monte de dentro,
y hablándose a sí mismos
a todos hablan. De uno
en uno —eso es poesía—. Y a ellos vuelvo.

UN IDIOMA MEJOR

No sé si nos traducen al morir
a un idioma mejor
como escribió John Donne. Tal vez entonces
—si hay entonces— el libro de los días
se escriba casi solo,
no necesite el verso claro
del borrador oscuro
ni terminen las comas mareadas
como aquel al que mandan
de la Delegación
al Registro, del Registro al Juzgado
y del Juzgado a la Delegación.

Mejor aún: ese orden
externo será solo
reflejo de una íntima coherencia
que en la lengua materna de esta vida
echas en falta desde hace ya tanto.
¿Qué torpe juntaletras
arrebató la pluma un día al niño
que en ti señoreaba y malogró
una trama que tanto prometía
en las primeras páginas, y todo

para no saber darle un buen final
sabiendo que el final siempre se acerca?

Aunque la fe de erratas casi ocupe
tanto como las páginas felices,
solo queda seguir empujando la pluma
por más que hace ya tiempo que sepamos
que al cabo toda vida es borrador.

LAS EDADES DEL HOMBRE
(A partir de [Zwei bérge gíbt es] *de Paul Klee)*

No han echado aún al hombre y ya camina
por un desfiladero. Pero alegre,
siempre hablando. No sabe que no sabe.
Tender la vista y verlo y tener miedo,
ese es el argumento de la obra.

Baja entonces al valle, un hormiguero
de almas que tropiezan ciegamente
buscando el mismo qué.
Ya sabe que no sabe.

Empieza a comprender que no se estaba
tan mal en las alturas. Mira entonces
hacia la otra ladera. Allí, se dice,
donde aún la luz resiste acaso esperen
los que saben que saben.

Pero en vano
como piedra de Sísifo acarrea
su apolillado fardo de certezas
hacia aquel fulgor último
mientras sus repetidos días van
quedando a buenas noches con la noche.

EPÍLOGO

Te dejo una pregunta y ya me voy.
Si te duele podré llamarte hermano.

¿Hace cuánto que no cruzas un río
pisando sobre piedras?

ÍNDICE

III
MEDIO JUEGO

IV
DE LO OSCURO

V
EL CIELO VERDE